# DÉFENSE

## DE

# L'APOSTOLIQUE,

## JOURNAL RELIGIEUX

### ET ECCLÉSIASTIQUE.

Ego sum via, Veritas et vita......
Justitias judicabo. (*Dicit Dominus.*)

*Præbe, fili mi cor tuum mihi!*...
(Prov. 23, 27.)

# A PARIS,

## CHEZ L'ÉDITEUR,

AU BUREAU DE L'ASSOCIATION CATHOLIQUE DU SACRÉ-CŒUR,
rue des Postes, n.º 24,

## 1829.

# ASSOCIATION CATHOLIQUE
## DU SACRÉ-CŒUR,
### POUR LA PROPAGATION DES BONS LIVRES,

Rue des Postes, n.º 24, près Sainte-Geneviève.

---

Brochure in-32, à 6 liards l'Exemplaire. ou 15 sous la *douzaine :* le treizième en sus ; et 5 francs le *cent.*

*La Fidélité des Sujets envers Dieu les rend fidèles à leurs Princes,* par le B. Alph. de Liguory. (Traduit de l'édition italienne de 1779. )

Brochures in-32 à 2 sous, ou 1 fr. la *douzaine :* le treizième en sus : ou 7 fr. le *cent.*

1.º *La Gloire de la Sainte-Trinité dans le secours des Ames du Purgatoire,* par Boudon, docteur en théologie, grand archidiacre d'Evreux.

2.º *Dévotion aux Saints Anges Gardiens,* par le P. Coret, de la Compagnie de Jésus. (Ouvrage imprimé d'après une 32.ᵉ édition.)

3.º *La Vie des premiers Chrétiens,* ou les moyens de se sanctifier.

### A 3 sous l'Exemplaire.

Les deux premières brochures indiquées ci-dessus, dans le format in-18.

### Livres cartonnés (in-24), à 4 sous.

1.º *Le Nouveau Pensez-y bien,* de l'abbé Baudran. — 2.º *La Petite Journée du Chrétien.* — 3.º *Les Visites au Saint-Sacrement et à la Sainte-Vierge,* par le B. Liguory. — 4.º *Les Caractères de la vraie Dévotion.* — 5.º *Le Mois de Marie.* — 6.º *La Dévotion aux Sacrés-Cœurs de Jésus et de Marie,* ou le *Salut de la France.* — 7.º *De l'importance et de la manière de connoître sa Vocation.* — 8.º *Le Chemin de la Croix.* — Nota. Ce dernier ouvrage, avec les 14 images des stations, se vendra 6 sous. — 9.º *Le Paradis sur la Terre,* traduit de l'Italien.

( *La suite sur l'autre côté de la couverture.*)

# DÉFENSE

## DE

## L'APOSTOLIQUE,

### JOURNAL RELIGIEUX

#### ET ECCLÉSIASTIQUE.*

Mercredi, 26 Août 1829

*DÉFENSE de l'Apostolique, adressée à MM. les Membres du tribunal de police correctionnelle.*

Le 15 de ce mois, Fête de l'Assomption, l'huissier Colson nous a cité, à la requête du procureur du Roi, à comparaître en personne le mercredi 26 courant, devant le tribunal de police correctionnelle, comme prévenu de nous être rendu coupable d'attaque contre les droits garantis par l'article cinq de la Charte constitutionnelle ainsi conçu : *Chacun professe sa religion avec une égale liberté et obtient pour son culte la même protection.*

Voici notre défense :

A l'époque de la mort de Louis XVIII, un saint prêtre desservant une paroisse du diocèse de Blois monta en chaire et dit à ses paroissiens : Mes chers frères, Louis XVIII vient de mourir. Il a paru devant Dieu. Auteur d'une Charte qui n'est point catholique, son salut est douteux. Il faut espérer cependant qu'avant sa mort il aura reconnu sa faute et en aura demandé pardon à Dieu. Je recommande son âme à vos

CE JOURNAL paraît une fois la semaine; le prix de l'abonnement est de 10 fr. par an, et de 5 fr. pour six mois. On s'abonne à Paris, rue des Postes, n.º 24, près Sainte-Geneviève.

prières. Ainsi parla un prêtre vénérable par ses vertus et ses cheveux blancs;.... mais il fut dénoncé. Traduit devant le tribunal de police correctionnelle, *il confessa la foi de Jésus-Christ.* Les juges le condamnèrent à la prison et à l'amende, et il subit sa peine avec joie, se trouvant heureux de pouvoir souffrir la prison pour celui qui avait souffert pour tous les hommes le supplice de la Croix : nous avons vu il y a deux mois ce prêtre vénérable , ce zélé confesseur de la foi.

Il n'y a pas long-temps, un jeune prêtre du diocèse de Versailles, plein de zèle pour le saint nom de Dieu, monta en chaire et dit : « Mes frères, la Charte est contraire à la Religion ; tant que cette Charte existera , la France sera malheureuse. » Une dénonciation s'ensuivit. Traduit devant le tribunal, le jeune prêtre fut condamné à une amende.

Dans le numéro 4 de l'*Apostolique,* nous avons professé la même doctrine de la vérité. Traduit à notre tour devant les tribunaux, nous espérons aussi *confesser la foi de Jésus-Christ ,* persuadé que Dieu nous assistera de sa grâce.

Quoi qu'en disent les termes de la citation, nous n'avons attaqué les droits de personne. *Satan , maître et docteur de toutes les hérésies n'a pas le droit de se faire adorer.*

Au reste, nous n'avons condamné que ce que l'Eglise condamne, et quelles que soient les peines que les tribunaux nous imposent, nous dirons toujours avec l'Eglise: « Voilà où tend cette horrible conspiration(1) des » sophistes de ce siècle, qui n'admettent point de diffé- » rence entre les diverses professions de foi; pensent que » chaque religion offre à tous un port de salut, et flétris- » sent d'une tache de légèreté et de folie ceux qui abju- » rant la religion dans laquelle ils ont été élevés, en » embrassent une autre, fût-ce même la Religion catho- » lique. PRODIGE HORRIBLE D'IMPIÉTÉ , QUI CONFOND DANS » LES MÊMES HOMMAGES LA VÉRITÉ ET L'ERREUR, la vertu » et le vice , l'honneur et l'infamie ! Les seules lu-

---

(1) Au renversement de la Religion.

» mières de la raison suffisent pour renverser ce système
» mortel d'indifférence en matière de Religion, et nous
» avertissent que si deux religions diffèrent et que l'une
» soit vraie, l'autre est nécessairement fausse, et qu'il ne
» peut exister aucun accord entre les ténèbres et la lu-
» mière. Ayez soin, vénérables Frères, de vous opposer
» à ces faux docteurs, et enseignez aux peuples que la foi
catholique est la seule véritable. »

(Lettre encyclique de N. S. P. le Pape Pie VIII.)

Que feront donc nos juges lorsque nous paraîtrons
devant eux ? Imiteront-ils la faiblesse de Pilate en con-
damnant l'innocent, ou bien s'écrieront-ils : ET NOUS
AUSSI NOUS SOMMES CHRÉTIENS ! (1)

---

# L'APOSTOLIQUE

*A MM.* *du* Constitutionnel, *du* Courrier, des Débats,
*du* Messager, *et à tous les journaux révolutionnaires.*

Messieurs, votre *philantropie* vous ayant portés à nous
dénoncer, en reconnaissance, nous avons l'honneur de
vous faire hommage des documens qui suivent :

« Nous ne voulons ni de révolution, ni de contre-ré-
» volution, parce que nous ne voulons ni anarchie ni des-
» potisme. Tous les vœux de la nation tendent à la stabi-
» lité du trône et au maintien de la Charte. Il ne saurait
» y avoir de doute à cet égard. »

Telle est la déclaration précise et solennelle faite et
signée par M. Jay dans le *Constitutionnel* du 25 avril
(1828), tel est le résumé de tous les discours du côté
gauche. Nous aimons à croire à la sincérité d'une pa-
reille affirmation ; et cependant, disons-le, elle est loin
de nous tranquilliser. Le parti qui prodigue aujourd'hui
les assurances de paix a-t-il renoncé à ses principes ? y
a-t-il abjuration des anciennes doctrines, conversion

---

(1) Dans les premiers siècles du Christianisme, au milieu des
persécutions, on voyait quelquefois les juges chargés de condam-
ner les chrétiens, éclairés subitement des lumières de la grâce, se
lever de leurs sièges et courir eux-mêmes au martyre en s'écriant :
*Et nous aussi nous sommes chrétiens !*

manifeste et complète? Ce n'est que dans un tel changement que nous verrions un motif de sécurité; mais
on n'a point abandonné les théories d'une trop fameuse
école : on les proclame et on les propage; elles amène-
ront ce que nous craignons , et toutes les protestations
par lesquelles on essaye de nous rassurer et sans doute
de se rassurer soi-même, ne l'empêcheront point.

Nous ne voulons reprocher à personne sa conduite
passée; mais nous avons droit d'interroger les doctrines
professées publiquement, tant qu'elles n'ont pas été
désavouées. M. Jay disait peut-être en 1814, comme
aujourd'hui, que *tous les vœux de la nation tendaient
à la stabilité du trône et au maintien de la charte.*
Qu'arriva-t-il cependant, quand le débarquement du
fugitif de l'île d'Elbe vint affranchir l'essor du libéralisme? M. Jay peut nous l'apprendre, car c'est lui qui
s'écriait, le 20 juin 1815, à la tribune de la chambre
des cent jours :

« Rappelez-vous, Messieurs, après le 11 mars, quelles
» ont été les paroles de l'empereur, ces paroles mémo-
» rables qui ont été entendues de toute la France, et
» auxquelles *toute la France a répondu par un vœu et
» un élan également unanimes.* Ces paroles imposèrent
» un profond silence à vos ennemis. Leurs premières
» tentatives expirèrent devant ces promesses solennelles
» du souverain, et devant le mouvement de la nation.»

Toujours unanimité, comme on voit : en 1815,
contre le Roi et la charte; en 1828, en leur faveur.
En cela, M. Jay se trompait alors, comme il se trompe
aujourd'hui.

Mais quelles sont ces paroles mémorables, ces promesses solennelles qui imposèrent un profond silence
aux Bourbons, et virent tomber leur trône et la charte
devant le mouvement qu'elles précipitèrent? Hélas ! ce
sont des paroles et des promesses semblables en tout
point à celles que tant d'échos répètent aujourd'hui, et
dont nous ne redoutons point un moindre effet ; ce sont
ces promesses d'une trompeuse liberté, ces théories de
révolution , cet hommage à la souveraineté populaire,
texte de toutes les proclamations de Napoléon, et plus

particulièrement exprimés dans le décret publié à Lyon, par lequel l'usurpateur annulait la charte, prononçait la dissolution de la chambre des pairs et de la chambre des députés, et convoquait les colléges électoraux à Paris, en assemblée extraordinaire du Champ de Mai, pour refaire les constitutions.

« Considérant, disait le décret, qu'une *partie de la* » *chambre des députés s'est rendue indigne de la con-* » *fiance de la nation,* en adhérant au rétablissement » de la noblesse féodale abolie par les constitutions » acceptées par le peuple, en faisant payer par la » France des dettes contractées à l'étranger, pour tra- » mer des coalitions et soudoyer des armées contre le » peuple français; EN DONNANT AUX BOURBONS » LE TITRE DE ROI LÉGITIME, ce qui était décla- » rer rebelles le peuple français et les armées, proclamer » seuls bons Français les émigrés qui ont déchiré pendant » vingt-cinq ans le sein de la patrie, et violer tous les » droits du peuple, en consacrant le principe que la » nation était faite pour le trône et non le trône pour la » nation, etc., etc. »

Nous le demandons : si le trône et la charte doivent être emportés par une nouvelle révolution, ne voilà-t-il pas le manifeste de cette révolution tout dressé? Ce sont les principes de cette déclaration qui ont enthousiasmé M. Jay, même avant le 20 mars; aujourd'hui, il s'écrie *que tous ses vœux tendent à la stabilité du trône et au maintient de la charte.* Comment met il donc d'accord ses principes avec ses sentimens?

M. Jay vient de nous reporter aux cent jours. Arrêtons-nous un moment à cette époque; l'instruction qu'elle renferme et qui est aujourd'hui d'une application si directe, nous fera pardonner la longueur inusitée de cet article.

Ce n'est pas après treize années de restauration que nous irions réveiller le souvenir du 20 mars, pour demander compte de leur défection aux hommes qui s'attachèrent alors à la fortune de Napoléon; mais ce qui justifie, ce qui réclame un retour vers cette époque mémorable, c'est la gravité des doctrines dont elle provoqua l'explosion. Toutes les doctrines de la révolution firent irruption de nouveau ; c'est par-là surtout que les cent jours ont un caractère qui les recommande à l'historien et au politique. Napoléon , par une imprudence qu'excuse à peine le besoin de sa cause, favorisa le premier des espérances et des théories qu'il avait si long-temps comprimées ; leur essor fut tel, que son génie lui-même en fut surmonté ; dès les premiers jours, elles l'effacèrent, et ce dominateur superbe de la révolution s'en vit l'esclave et bientôt le jouet.

Deux maximes toujours à l'usage de l'école libérale, présidèrent à tout ce qui fut délibéré, voté et proclamé à cette époque : la première consacre *le droit qu'avait le peuple français de chasser l'ancienne dynastie,* la seconde établit *la nullité radicale de la constitution donnée par les Bourbons.* Ces deux maximes, conséquences naturelles de la doctrine de la souveraineté du peuple, sont plus particulièrement consignées dans la déclaration par laquelle le conseil d'état de Napoléon crut *devoir faire connaître ses principes, en reprenant ses fonctions :*

« La souveraineté , disait le conseil , réside dans le » peuple ; il est la seul source légitime du pouvoir.

En 1789, la nation reconquit ses droits depuis long-» temps usurpés ou méconnus.

« L'assemblée nationale abolit la monarchie féo-» dale....

» La résistance des Bourbons aux vœux du peuple » amena leur chûte... etc., etc.

» Louis - Stanislas - Xavier revint en France... Il » s'empara du trône , d'après l'ordre établi dans l'an-» cienne monarchie féodale... Il data le premier acte » de son autorité de la 19ᵉ année de son règne, décla-» rant ainsi que les actes émanés de la volonté du » peuple n'étaient que le produit d'une longue ré-» volte ; il *accorda volontairement , et par le libre* » *exercice de son autorité royale, une charte consti-* » *tutionnelle appelée ordonnance de réformation;* (1)

_______________

(1) Tous ces mots sont soulignés dans la déclaration.

»« et pour toute sanction, il la fit lire en présence d'un
» nouveau corps qu'il venait de créer, et d'une réunion
» de députés qui n'étaient pas libres, qui ne l'accepta
» point, dont aucun n'avait caractère pour consentir
» à ce changement, et dont les deux cinquièmes n'a-
» vaient même plus le caractère de représentans.

» Tous *ces actes sont donc illégaux;* faits en pré-
» sence des armées ennemies et sous la domination
» étrangère, il ne sont que l'ouvrage de la violence, ils
» sont essentiellement nuls, et attentatoires à l'hon-
» neur, à la liberté et aux droits du peuple.

» Les adhésions données par des individus et par des
» fonctionnaires sans mission, n'ont pu ni anéantir,
» ni suppléer le consentement du peuple exprimé par
» des votes solennellement provoqués et légalement
» émis, etc., etc. (1) »

Telles furent les doctrines exprimées par le conseil
d'état. Parmi un grand nombre de signatures, on lit au
bas de cet acte, celles de MM. Boulay de la Meurthe
et Lavalette, candidats aux dernieres élections de Paris,
celle du comte Daru, aujourd'hui membre de la chambre des pairs, et celles de MM. Matthieu Dumas,
Alexandre de Laborde et de Bondy, aujourd'hui membres de la chambre des députés.

La chambre des représentans, dans son adresse en
réponse au discours du trône, adresse rédigée par une
commission dont faisaient partie MM. Dupont (de l'Eure)
et le général Lafayette, aujourd'hui membres de la
chambre des députés, professa sur la nullité radicale
de la charte la même doctrine que le conseil d'état :

«A la suite d'événemens désastreux, disait-elle, la
» France envahie ne parut un moment écoutée sur l'é-
» tablissement de sa constitution que pour se voir pres-
» qu'aussitôt soumise à une *Charte royale émanée du*
» *pouvoir absolu,* à une ordonnance de réformation
» toujours révocable de sa nature, et qui, n'ayant pas

---

(1) Extraits des registres du conseil d'Etat, séance du 25 mars,
où siégeaient Benjamin-Constant, etc., etc.

» l'assentiment exprimé du peuple , n'a jamais *pu être*
» *considérée comme obligatoire pour la nation.* »

On lit au bas de cette adresse la signature de M. Clément du Doubs , alors secrétaire de la chambre des représentans , aujourd'hui membre de la chambre des
députés.

M. Benjamin Constant publia un livre dans ces circonstances ; il y défendait le droit de la révolution contre les Bourbons. « On attaque, disait-il, une nation qui
» ne réclame que son indépendance intérieure , et le
» droit de se donner un gouvernement , comme l'Alle-
» magne l'a réclamé en choisissant Rodolphe de Haps-
» bourg , l'Angleterre en appelant la maison de Bruns-
» wick , le Portugal en donnant la couronne au duc de
» Bragance , la Suède en élisant Gustave Vasa ; en un
» mot, comme chaque peuplade européenne l'a exercé
» à une époque quelconque, et d'*ordinaire la plus glo-*
» *rieuse pour son histoire.* »

Rappelons ici que depuis la seconde restauration la
tribune française a entendu deux ou trois fois l'éloge
de la *glorieuse révolution de* 1688.

Pour la nécessité d'exercer, dans la circonstance actuelle , contre la maison de Bourbon, le droit qu'invo-
quait M. Benjamin Constant , ce publiciste n'hésitait
pas :

» Nous avons essayé de la contre-révolution, disait-il,
» nous avons tenté de la concilier avec les garanties que
» nous demandions. Nous nous sommes obstinés, et
» moi plus long-temps qu'un autre, à croire à la bonne
» foi , parce que sa nécessité était évidente. Le dernier
» jour a prouvé que la haine de la liberté était plus
» forte que l'amour de la conservation même. Nous
» n'insultons point au malheur : nous respectons l'âge et
» l'infortune. Mais l'expérience a été faite , les principes
» sont opposés, les intérêts sont contraires , *les liens*
» *sont rompus.* »

L'*acte additionnel* fut rédigé et proclamé sous l'im-
pression de ces circonstances et l'inspiration de ces
maximes. Il était un hommage à la souveraineté popu-
pulaire à laquelle il demanda sa consécration ; il résu-

mait toutes les doctrines invoquées par la révolution ;
il était le dernier fruit de son expérience , le terme de
ses prétentions , et à tant de titres , M. Duchêne , can-
didat balloté aux dernières élections, pouvait dire dans
son vote raisonné sur cet acte :

« Je l'accepte , parce que , malgré les justes repro-
» ches que je crois lui avoir adressés , il me paraît pré-
» férable de beaucoup , et à la constitution de 1791 , et
» à celle de l'an III , et à celle de l'an VIII (sur laquelle
» on a enté , je ne sais trop comment, les sénatus-con-
» sultes de l'an X et de l'an XII ) , et *à la fameuse charte
» royale du mois de juin dernier*, et même à la cons-
» titution du sénat qui l'avait précédée (1). »

Et cependant , chose digne d'une attentive médita-
tion , les principes mêmes qui servaient de base à cet
acte devaient le renverser. Les institutions qui placent
le droit dans la volonté de la multitude , portent en
elles-mêmes le germe de leur propre désorganisation.
Nous le rappelons pour montrer aux moins clairvoyans
quels dangers nous amène l'invasion imminente d'un
tel système. Nous n'avons point l'intention d'accuser
les individus ; nous leur accordons assez de bienveil-
lance pour croire qu'ils se montreront inconséquens ;
mais les partis ne le sont jamais , et ils savent toujours
tirer de leurs principes toutes les conséquences qui
y sont renfermées. Si le parti dont nous rappelons
les discours et les actes , et qui commence à reparaî-
tre sur la scène politique , est un jour maître du mouvement , il renversera nos institutions comme il ren-
versa en un instant et sans coup férir la constitution
elle-même , œuvre de ses conceptions et source unique
de son pouvoir.

La bataille de Waterloo était perdue : Napoléon venait de rentrer à la hâte dans sa capitale ; la chambre
des représentans se réunit au milieu du trouble produit
par la première nouvelle de cette catastrophe. De semblables circonstances sont précieuses pour une révolu-

_______________

(1.) Vote d'un Dauphinois sur l'acte additionnel aux constitutions
de l'empire.

tion ; M. de Lafayette demande la parole, et montant à la tribune :

« Messieurs, dit-il, lorsque pour la première fois » depuis bien des années, j'élève une voix que les vieux »amis de la liberté reconnaîtront encore, je me sens »appelé à vous parler des dangers de la patrie *que* » *vous seuls à présent avez le pouvoir de sauver.* Voici »le moment de nous rallier autour du vieil étendard »tricolore, celui de 89, celui de la liberté, de l'éga- »lité et de l'ordre public. Permettez à un vétéran de » cette cause sacrée de vous soumettre quelques résolu- »tions préalables dont vous apprécierez, j'espère, la » nécessité. »

Et à l'instant même le général propose le renverse- ment de la constitution, par la résolution suivante :

« La chambre se déclare en permanence. Toute ten- »tative pour la dissoudre est un crime de haute tra- »hison ; *quiconque se rendrait coupable de cette ten-* » *tative sera traître à la patrie, et sur-le-champ jugé* » *comme tel.* »

Cette proposition est mise aux voix, et sans discus- sion, sans opposition, elle est votée par l'assemblée au milieu d'un applaudissement général.

Et ainsi, fidèle à ses précédens, la révolution s'em- parant du pouvoir suprême, menaçait encore d'une condamnation juridique et de la mort le chef de l'état lui-même, s'il tentait d'user de sa prérogative consti- tutionnelle. On ne voit pas deux fois la même chose, nous dit-on sans cesse, et cependant l'usurpation po- pulaire avait encore le régicide dans ses menaces. Le souvenir de cette évènement semble s'être effacé à moi- tié au milieu de tous les mémorables évènemens qui l'ont accompagné et suivi ; mais rappelé et médité dans le calme de la réflexion, combien il paraît grand et terrible ! La veille encore, toute cette assemblée était soumise, et le lendemain, naturellement, par la seule attitude d'une majorité imbue des doctrines de la souveraineté populaire, une révolution se trouve consommée, et n'est pas même *l'affaire d'une pro- clamation.*

Le général Sébastiani, MM. Dupin aîné et Jay prirent une part active à cette effrayante détermination, et montèrent à la tribune pour l'appuyer.

Il y avait deux semaines, jour pour jour, que MM. de Lafayette, Sébastiani, Dupin, Jay, et toute cette assemblée, avaient prêté serment d'*obéissance aux constitutions de l'empire et de fidélité à l'empereur*. La constitution renfermait toutes les garanties par lesquelles on s'efforce aujourd'hui de nous rassurer contre la possibilité d'une révolution. Une chambre des pairs balançait l'influence de la chambre démocratique, et le droit de dissolution était réservé à la couronne.

« Ainsi, dit un homme dont le parti libéral ne doit
» pas récuser le témoignagne (1), ainsi Napoléon
» trouva à son arrivée dans la capitale la peine de
» mort, s'il prenait la résolution de dissoudre les
» chambres. Cette délibération l'irrita violemment; il
» lutta contre elle pendant 24 heures; il se débattit
» sous le joug de fer qu'on lui imposait; il regarda
» autour de lui et ne vit que des visages austères *dans*
» *son propre conseil.* Une injustice singulière avait
» saisi tout-à-coup les courtisans de Napoléon; ils
» crurent s'acquitter envers la liberté en lui sacri-
» fiant celui pour lequel ils l'avaient trahie depuis
» quinze années. Ainsi que les députés, ainsi que les
» pairs, les ministres, les conseillers d'état redevinrent
» tous citoyens, quand le capitole allait être envahi
» pour la seconde fois. »

Dans le comité secret du même jour 21 juin, MM. Dupin aîné et Jay opinèrent pour l'abdication de Napoléon. Il se vit arraché du trône; il céda à la violence, et s'en expliqua expressément dans son abdication datée du lendemain.

Cette abdication ouvrait les degrés du trône impérial au fils de Napoléon. L'acte d'abdication le proclamait empereur sous le titre de Napoléon II; c'était l'*ordre légal et constitutionnel.* A peine cet acte fut-il lu à la

---

(1) M. de Norvins, art. Napoléon, Biographie des contemporains.

chambre des représentans, que M. Dupin aîné monta à
la tribune et proposa la délibération suivante :

« La chambre des représentans, considérant que *le*
» *salut du peuple est la suprême loi*, déclare ce qui
» suit :

» *La chambre des représentans se déclare* ASSEM-
» BLÉE NATIONALE.

» Une commission spéciale sera chargée de préparer
» le travail de la *nouvelle constitution* qui devra ga-
» rantir nos institutions nationales. Elle formera les
» bases du pacte et des conditions auxquelles le trône
» pourra être occupé par le prince que le peuple aura
» choisi (1). »

Ainsi M. Dupin proposait *le renversement de la cons-*
*titution et de la dynastie.* «Les circonstances, disait-
» il, remettent entre les mains de la nation le pouvoir
» qu'elle avait assigné.

» Le salut de la nation, voilà notre suprême et uni-
» que loi.

» C'est au nom de la nation qu'on se battra, qu'on
» négociera; c'est d'elle qu'on doit attendre le choix du
» souverain; c'est elle qui précède tout gouvernement
» et qui lui survit.....»

Et une voix l'interrompant s'écria : Que ne proposez-
vous la république (2) ?

C'est qu'en effet la république est au fond de toutes
ces théories. Le prétexte des circonstances, celui du
salut de la nation, *loi unique et suprême*, n'ont jamais manqué. Partout où dominera le principe de la
souveraineté populaire, il procédera ainsi; il enfantera des révolutions, il les enfantera de lui-même; les
hommes qui les proclameront seront comme entraînés
malgré eux et par la seule pente de leurs doctrines.
J'aime à croire que, quinze jours auparavant, M. Dupin n'avait point le parjure dans la pensée, quand il se
liait pas ses sermens à la constitution qu'il était destiné
à renverser; mais ses principes étaient plus forts que
lui. M. Dupin proteste aujourd'hui qu'il *vote pour la*

_______________

(1) Chambre des représentans, séance du 22 juin.
(2) Séance du 23 juin.

*charte constitutionnelle, non pas accidentellement,
mais en toute occasion* (1). Sans doute il parle de
bonne foi; mais que font, pour me rassurer, toutes les
protestations individuelles, quand je les vois applaudies
par un parti dont le triomphe en préviendra les effets?
C'est le 22 juin 1815 que M. Dupin sapait la constitution impériale, et le 15 juin de la même année, c'est-
à-dire huit jours auparavant, M. Dupin s'écriait à la
même tribune : *Assurément telle qu'elle est, la constitution est notre signe de ralliement; elle commande
notre profond respect et notre entière obéissance; elle
est l'étoile polaire qui doit nous guider.*

Que de précieuses instructions renfermées dans ces
souvenirs! quel avertissement pour les princes, et pour
les partis eux-mêmes! quelle mine féconde pour la
politique et pour l'histoire, que les jours que nous rappelons, et le petit nombre de ceux qui les suivirent
jusqu'à la seconde rentrée du roi dans Paris! Cette
manie de démolitions et de reconstruction, maladie
incurable de la faction, remit encore au travail d'in-
fatigables ouvriers, qui, si on les eût laissé faire, eus-
sent déjà renversé et recommencé vingt fois l'œuvre
de notre régénération politique. On vit en huit jours
trois ou quatre constitutions, protestations, déclara-
tions, toutes hostiles aux Bourbons, toutes opposées à
la charte royale, se succéder et se modifier selon le
cours rapide des évènemens. Le même parti qui se
présente aujourd'hui à nous avec assurance, récla-
mant la remise de la charte entre ses mains, s'obsti-
nait à la repousser, en dépit des évènemens qui la
ramenaient, et s'inscrivait en masse contre son rétablissement. Il protesta sous vingt formes diverses:
rappelons seulement le dernier de ces actes, voté et
proclamé trois jours avant la rentrée du roi dans sa
capitale, sur la proposition d'une commission dont
faisaient partie M. Dupont (de l'Eure), et M. Trippier,
que les électeurs de Paris viennent de repousser comme
déjà trop en arrière du mouvement qui nous emporte.

---

(1) Séance de la chambre des députés du 9 mai (1828.)

« La chambre des représentans se doit à elle-même,
» elle doit à la France, à l'Europe, une déclaration de
» ses sentimens et de ses principes.

» Elle déclare donc qu'elle fait un appel solennel à
» la fidélité et au patriotisme *de la garde nationale pa-*
» *risienne, chargée du dépôt de la représentation na-*
» *tionale.*

» Elle déclare que le gouvernement de la France,
» quel qu'en puisse être le chef, doit réunir les vœux de
» la nation, légalement émis.

» Elle déclare qu'un monarque ne peut offrir des
» garanties réelles, s'il ne jure d'observer une cons-
» titution délibérée par la représentation nationale et
» acceptée par le peuple. Ainsi, tout gouvernement
» qui n'aurait d'autres titres que des acclamations et la
» volonté d'un parti, ou qui serait imposé par la force;
» tout gouvernement qui n'adopterait pas les couleurs
» nationales et ne garantirait point la liberté des ci-
» toyens...., l'abolition de la dîme, de la noblesse
» ancienne et nouvelle héréditaire, etc., n'aurait qu'une
» existence éphémère.

» Que si les bases énoncées dans cette déclaration
» pouvaient être méconnues ou violées, les représen-
» tans du peuple français s'acquittant aujourd'hui d'un
» devoir sacré, protestent d'avance, à la face du monde
» entier, contre la violence et l'usurpation. Ils confient
» le maintien des dispositions qu'ils proclament à tous
» les bons français, à tous les cœurs généreux, à tous
» les esprits éclairés, à tous les hommes jaloux de leur
» liberté, *enfin aux générations futures!* »

La signature de M. Clément (du Doubs), secrétaire
de la chambre des représentans, se trouve encore au
bas de cet acte.

Tel fut le testament politique de cette assemblée.
La déclaration fut *unanimement* adoptée. Au même
instant, dit le *Moniteur*, les cris de *vive la nation!*
se firent entendre de toutes parts, au milieu des ap-
plaudissemens de l'assemblée et des tribunes (1).

_______________

(1) Séance de la chambre des représentans du 5 juillet.

M. Dupin aîné prit immédiatement la parole.

« Je demande, dit-il, que la résolution soit sur-le-
» champ envoyée à la chambre des pairs. Il est néces-
» saire qu'on sache que la représentation nationale
» toute entière partage les nobles sentimens exprimés
» dans la déclaration ; il faut que tout ce qu'il y a
» d'honnêtes gens , d'hommes raisonnables , d'amis
» d'une liberté sage, sachent que leurs vœux ont trouvé
» ici des interprètes, et que la force elle-même ne pour-
» rait nous empêcher de les émettre. »

Le lendemain 6 juillet, sur la proposition de M. Dupont (de l'Eure), une députation fut nommée pour por-
ter aux monarques alliés , qui s'avançaient sur Paris,
la déclaration de la chambre des représentans. MM. Dupont (de l'Eure), Lafayette, Delessert et Lafitte, tous
membres de la chambre actuelle des députés, furent
nommés pour remplir cette mission.

M. de Lafayette, absent de la chambre dans la séance
de la veille, ainsi que MM. Sébastiani et Voyer -d'Ar-
genson, monta à la tribune, et déclara , en son nom et
en celui de ses deux collègues, qu'ils *regrettaient que
leur absence ne leur eût pas permis de participer à la
déclaration de la chambre, qu'ils priaient la chambre
de recevoir leur adhésion.*

Cinq ans après, en 1820 , à la même tribune, M. de
Lafayette, dans un discours que nous avons eu déjà
occasion de citer, rappela cette circonstance comme
un de ses titres à la reconnaissance du peuple français,
auquel il s'adressa expressément. *Le dernier à cette tribune, dit-il, le 6 juillet 1815 , j'ai proclamé le droit
inaliénable de la nation à réviser son pacte fonda-
mental.*

La véritable charte du parti est toujours dans cette
fameuse déclaration. M. Jay veut que nous croyions
aujourd'hui sur sa parole, que tous les vœux tendent
au maintien de la charte royale ; mais alors que ne
dément-il expressément ces lignes consignées, sept ans
après la seconde restauration, dans un livre sur le fron-
tispice duquel je lis encore son nom ; les voici :

« Ce n'est pas ici le lieu de juger la session des re-

» présentans de 1815 : un tel examen est du domaine
» de l'histoire ; car cette session influa puissamment sur
» les destinées de la France. Mais de cette assemblée
» de tant d'élémens contraires, formée au milieu de
» tant de passions, et délibérant au sein de tant d'ora-
» ges, sortirent de hautes vérités, *qui n'ont pas été per-*
*» dues pour la patrie.* De ce nombre et en première ligne,
» est la fameuse déclaration politique dont le projet,
» proposé par M. Dupont, au moment où les ennemis
» étaient aux portes de Paris, fut renvoyé à l'examen
» d'une commission, de laquelle il fit partie. Elle fut dé-
» crétée sur le rapport de M. Laromiguière, aux accla-
» mations de la chambre (1).

C'est sous la bannière de cette déclaration, sous la
bannière arborée, il y a treize années, par les hommes
qui sont encore à la tête du parti libéral, que ce parti
s'avance aujourd'hui à la conquête du pouvoir. De toutes
parts des hommes surgissent, non moins familiers avec
la pratique des révolutions qu'avec leur théorie. Ils
s'épuisent pour le moment en protestations pacifiques ;
*ils ne veulent ni révolution, ni anarchie, tous leurs*
*vœux tendent à la stabilité du trône et au maintien de*
*la charte ; il ne saurait y avoir de doute à cet égard.*
Que la foule distraite et ignorante s'en tienne à ces assurances ; mais des hommes d'état auront-ils été en vain
admis par la Providence au spectacle des révolutions,
à l'essai de leurs inventions et de leur puissance ré-
sumées en quelque sorte dans le période si court et si
décisif qui vit renverser le trône des Bourbons et celui
de Napoléon, la charte et l'acte additionnel, la constitution des représentans et les trois ou quatre déclara-
tions et protestations qui forment encore le symbole
du libéralisme et menacent de renverser une dernière
fois tout ce que les miracles du ciel ont relevé ?

(*Extrait de la Gazette de Lyon*, du 22 mai 1828.)

---

(1) Biographie des contemporains.

Autres Documens *non moins curieux sur MM. les Libéraux, et leur respect pour le Roi et la Charte.*

∴ « Le code civil est une rapsodie. » (Montlosier, *Monarchie en* 1822.)

∴ « La constitution de 1814 est improvisée, n'étant appuyée que sur une masse d'institutions civiles défectueuses, transitoires, remplies de lacunes ; elle n'avait pas dès-lors une grande solidité.» (Le même, *Dénonciation.*)

∴ «LA CHARTE EST UN CHIFFON DE PAPIER.»
(Le même, *Monarchie en* 1824.)

∴ En donnant la Charte à la France, LE ROI ADOPTA LA RÉVOLUTION. (Guizot, *du gouvernement de la France depuis la restauration.*)

∴ Nous voulons l'ordre social TEL QUE L'A FAIT LA RÉVOLUTION, TEL QUE LA CHARTE L'A CONSACRÉ (Esprit du général Foy).

---

NOTRE APOLOGIE FAITE DANS UN LIVRE NOUVEAU.

Presqu'au même moment où nous recevions au nom du Procureur d'un Roi *très-chrétien et d'un fils aîné de l'Eglise,* une assignation à comparaître, devant des juges chrétiens, et même catholiques, pour avoir mis, dans *l'Apostolique,* la défense de la Religion contre les impies et les impiétés du temps, on publiait à Paris et nous lisions un ouvrage qui semblait avoir été fait d'avance pour nous justifier de l'étrange accusation d'avoir attaqué ce qu'on appèle *nos institutions.*

Nous lisions *l'histoire des assemblées délibérantes* où M. Madrolle *démontre, par le raisonnement et par les faits, la marche des chambres* AU SCHISME DES PEUPLES, *à l'élévation des gouvernemens tyranniques* et au RENVERSEMENT DES ROIS CONSTITUTIONNELS. Il n'y a entre *les assemblées* et les *institutions,* qu'une différence, c'est que les unes sont l'effet des autres. Si les assemblées vont au *renversement des Rois constitutionnels,* les *constitutions* y vont aussi. Si les assemblées vont *au schisme*, les constitutions vont aussi *au schisme*. Or le schisme c'est l'impiété, et *l'impiété* est *l'athéisme*. Bossuet disait très-bien : le *déisme*, *c'est l'athéisme déguisé*.

*L'histoire des assemblées délibérantes* fera époque dans la littérature politique postérieure aux institutions nouvelles. Jusqu'alors on n'avait fait sur elles que des brochures. Voici à présent un ouvrage. Le temps ne nous a pas encore permis d'en rendre compte. Nous nous contenterons d'y puiser aujourd'hui ces belles considérations que nous n'aurons besoin que de développer à l'audience. M. Madrolle, après avoir fait un *tableau de la licence du jour*, qui montre la corruption actuelle dans toute sa nudité, après avoir montré toutes les licences et tous les crimes politiques que l'on commet en France et surtout à Paris sans s'en apercevoir, conclut en ces termes son argumentation, que nous nous approprions pour notre défense.

« Tout enfin, s'écrie l'auteur, avec autant de har-
» diesse que de vérité, tout est désormais permis aux
» adversaires, *aux ennemis de Dieu* et à ceux des rois.

» Se pourrait-il qu'un chrétien fidèle qui donnerait
» tout dans le monde, et jusqu'à sa vie, pour assurer
» le plus petit avantage à son roi ou à sa patrie, n'eût
» pas pour les défendre la liberté que tout le monde a
» pour les détruire ?.... PEUT-ÊTRE !»

M. Madrolle n'a pas osé dire : ASSURÉMENT. Et c'est pourtant ce qui arrive aux *Apostoliques*. Les riches des *Débats* comparaîtront, il est vrai, sur le ban avec les pauvres de l'*Apostolique*. Les uns en sortiront glorieux, les autres avilis. Nous verrons....

M. Madrolle continue :

« Vous ne pouvez pas, me dira-t-on, attaquer la charte ? Mais quoi ! Des magistrats de cours souveraines ont pu attaquer, avec autant de courage que de vérité, les articles les plus fondamentaux de la *loi nouvelle*; ils ont pu même publier le plan et les articles d'une *charte supplémentaire* (1). M. de Pradt, entre mille

(1) M. Cottu.

autres, a attaqué la charte avec violence. La chambre toute entière des 100 jours, qui se retrouve toute entière dans la nôtre, l'a *déclarée nulle* dans toutes ses parties; et il ne nous serait pas permis d'en faire sentir les conséquences funestes!....

» Quoi ! vous attaquez personnellement, nominativement celui qui l'a donnée !

» Le bienfait serait-il plus sacré que le bienfaiteur ?

. . . . . . . . . . . . . . . . .

» Il faut bien qu'entre le crime et la vertu, la partie au moins soit égale. » Et ce n'est pas trop, je pense !

----

Extrait d'un ouvrage intitulé : *Réfutation des faux principes et des calomnies avancées par les Jacobins, pour décrier l'administration de nos Rois et justifier les usurpateurs de l'autorité royale et du trône.*

Par M. Alexandre Bergasse.

«La Charte, en reconnaissant dans tous les cultes admis en France, les mêmes droits que ceux dont le culte catholique jouissait seul jusqu'à la révolution, ôte à celui qui est suivi par la très-grande majorité des Français, une prérogative essentielle dont les religions dominantes jouissent dans tous les autres pays (1).

----

(1) Dieu n'a établi les rois que pour procurer le bien-être spirituel et temporel des hommes. On peut voir dans l'institution au droit public du chancelier d'Aguesseau, le développement de cette vérité. Maintenant, comment nos rois pourront-ils remplir le premier de ces devoirs, si le gouvernement avoue également toutes les religions professées dans l'état malgré l'opposition qui existe entre elles ? Sa conduite ne prouve-t-elle pas qu'il considère toutes les Religions comme propres également à procurer le salut des hommes ? Cependant Jésus-Christ n'a institué qu'une Religion, il n'a établi qu'une Eglise. Dans la prière qu'il fait à son Père, en saint Jean, ch. XVII, v. 21. 22 et 25, il lui demande que tous ceux à qui sa divine parole sera prêchée, ne soient qu'un, comme il ne fait qu'un avec lui. Or, si nous faisons profession de croire que les hommes ne peuvent être unis à Dieu et à Jésus-Christ, que par leur union avec l'Eglise catholique, un gouvernement catholique ne déroge-t-il pas à un des points fondamentaux de sa Religion, lorsqu'il met tous les cultes au même rang ?

» ... La Charte présente un obstacle invincible au retour des principes d'équité, qui sont les premiers fondemens de l'ordre social.......

» .... Cette nouvelle constitution ne peut avoir que les plus fâcheux résultats. Il est donc indispensable qu'elle soit réformée, et les sermens qu'on lui a prêtés ne doivent être d'aucune considération pour la maintenir. Car, lorsque les hommes reconnaissent que les engagemens qu'ils ont contractés sont contraires à la Religion, à la justice, et à l'ordre public, leur premier devoir est de les rétracter. »

---

Ensuite, comment pourra-t-on concilier cette disposition de la Charte avec le serment que nos rois prêtent à leur sacre, serment par lequel ils promettent de maintenir la Religion et l'Eglise catholique dans toutes leurs prérogatives? Il serait bien étrange qu'on voulût forcer notre Roi à substituer le serment de la Charte à celui de Saint-Louis. *          (*Note de M. Bergasse.*)

* Ce qui semblait étrange à notre auteur en 1816, ne l'a pas semblé à des évêques en 1825. On peut dire d'eux ce que Pierre de Blois écrivait à l'évêque d'Orléans : « Ne portez point envie aux » méchans, à ces évêques qui endorment la conscience du Roi par » de lâches adulations. Rien n'est plus agréable à Dieu, dans les » évêques, que la profession de la vérité. Ne craignez point d'exposer » votre vie pour elle, afin de voir des jours heureux; car le Seigneur demandera compte au prêtre muet du sang de celui qui » périt. » *Noli æmulari in malignantibus, episcopis dico qui regem tuum blandis adulationibus palpant, canes muti non valentes latrare. Acceptissima quidem est in episcopis apud Deum professio veritatis. Animam pro veritate ponere non formides, ut videas dies bonos quia sanguinem pereuntis Dominus de manu muti sacerdotis exquiret.* (Lettre de Pierre de Blois à l'évêque d'Orléans. Ep. cxii. p. 175.)

(E. Jozon, *Rédacteur.*)

---

*Nota.* Nous devons à la vérité de déclarer que M. Béthune, imprimeur de notre dernier numéro incriminé, n'a jamais été pour rien dans la publication de l'*Apostolique;* que l'article pour lequel nous sommes poursuivi ne lui a pas été communiqué, puisque le jour même il était absent de son établissement; en conséquence, nous assumons sur nous seul toute espèce de responsabilité, sans croire avoir rien fait de répréhensible.

Le Gérant, Louis Mercier.

---

Paris, Imprimerie d'Ad. Moessard, rue de Furstemberg, n° 8.

## LIVRES CARTONNÉS ( IN-18 ), à 6 SOUS.

1.º *Vie de Notre Seigneur Jésus-Christ*, par le R P. Ribadeneira, de la Compagnie de Jésus.

2.º *Vie de la Très-Sainte-Vierge*, idem.

3.º *Vie de Saint Paul, premier Ermite*, précédée d'un coup-d'œil sur la vie des *Pères des Déserts*.

4.º *Vie de Saint Antoine*, par Saint Athanase, patriarche d'Alexandrie.

5.º *Vie de Saint Hilarion*, par Saint Jérôme.

6.º *Vie de Saint Pacôme*, abbé de Tabenne.

7.º *Vie de Saint-Abraham.*

8.º *Vie de Saint Jean l'Aumônier.*

9.º RECUEIL DE CANTIQUES *à l'usage des catéchismes*.

## LIVRES IN-24 CARTONNÉS, à 40 CENT. OU 8 SOUS.

1.º *L'Imitation de N. S. Jésus-Christ.* — 2.º *Le Nouveau Manuel du Chrétien pour la sainte Communion.* — 3.º *Le Combat spirituel.*

# GRAVURES ET IMAGES PIEUSES.

1.º Jolies Gravures ou *Cachets* de la première Communion, à 2 sous 1/2, ou 10 fr. le *cent*.

2.º Jolies Gravures de la Confirmation, *idem*.

3.º Petite feuille de deux Allégories, dont l'une représente les SS. Cœurs de Jésus et de Marie, entourés d'emblêmes de piété; et l'autre une Croix, surmontée de ces mots : *Dieu seul toujours en vue*, etc., etc.; prix : 1 sol, et 4 fr. le *cent*.

4.º Grande feuille de 18 Images pieuses; prix : 2 sous 1/2 la feuille, ou 10 fr. les *cent* feuilles.

5.º Feuille semblable de 18 Images, dont 14 formant le *Chemin de la Croix;* idem.

6.º Planche de 9 Gravures, dont *Salvator mundi*, des *Apôtres* et *Évangélistes*, etc., etc; prix : 2 sous, et 7 fr. le *cent*.

7.º Portrait de N. S. Père le Pape Pie VIII; prix : sur papier vélin, 25 cent. ou 5 sols; sur grand papier vélin et de Chine, 8 sous.

8.º Portrait de feu M.ᵍʳ Daviau, archevêque de Bordeaux; mêmes format et prix.

—Pour paroître vers le 1.ᵉʳ septembre : *Portrait du Prince de Talmond*, un des généraux vendéens, 1.ᵉʳ de la Collection que fait faire l'Association, sous le titre des MACHABÉES FRANÇAIS; prix : sur papier vélin, 75 c.; sur papier vélin et de Chine, 1 fr.